Dedicatória:

Para Marcos, que ama dinossauros tanto quando Dani,
seu pai.

M866m   Morán, José

          O mundo dos dinossauros / José Morán ; ilustrado por Marifé
          Gonzáles ; traduzido por Celina Bodenmüller. - Jandira, SP : Ciranda
          Cultural, 2024.
          62 p. : il.; 28,80cm x 34,50cm.

          Título original: El mundo de los dinosaurios
          ISBN: 978-65-261-1381-3

          1. Literatura infantil. 2. Descoberta. 3. Diversão. 4. Dinossauro. I.
          Gonzáles, Marifé. II. Bondenmuller, Celina. III. Título.

                                                        CDD 028.5
2024-1940   CDU 82-93

Elaborada por Lucio Feitosa - CRB-8/8803

Índice para catálogo sistemático:
1.   Literatura infantil 028.5
2.   Literatura infantil 82-93

© 2023 SUSAETA EDICIONES S.A.
Texto: José Morán
Ilustrações: Marifé González

© 2024 desta edição:
Ciranda Cultural Editora e Distribuidora Ltda.
Tradução: Celina Bodenmüller
Editora: Jamille Gentile
Revisão técnica: Luiz Eduardo Anelli
Revisão: Maitê Ribeiro e Angela das Neves
Diagramação: Andressa Cristina

1ª Edição em 2024
www.cirandacultural.com.br

O MUNDO DOS DINOSSAUROS

Texto
José Morán

Ilustrações
Marifé González

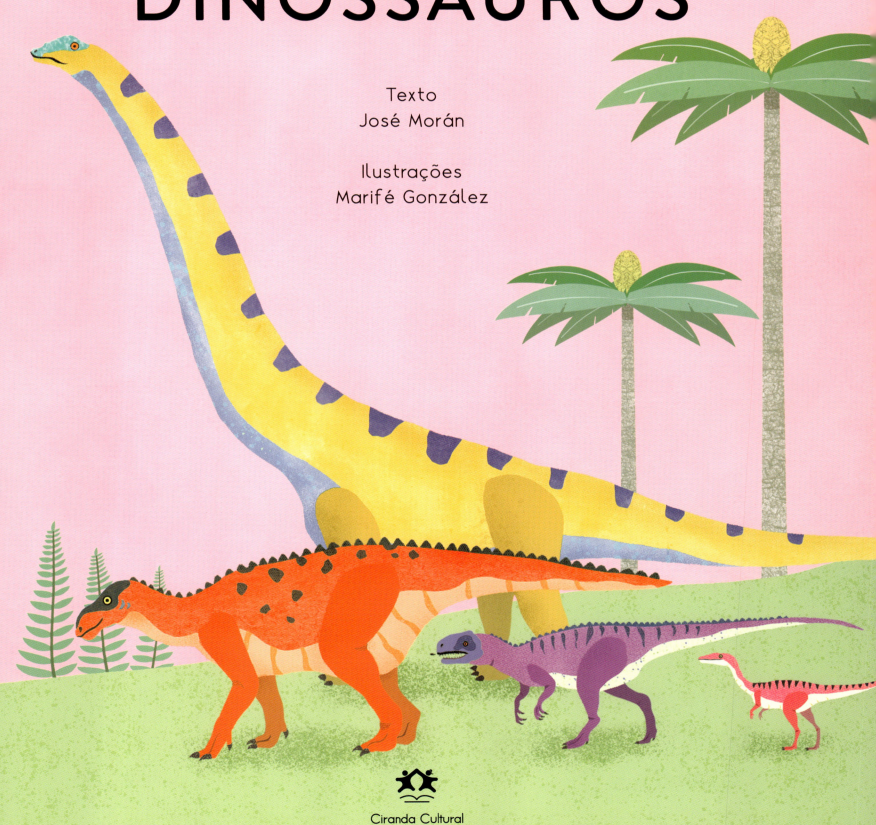

Ciranda Cultural

APRESENTAÇÃO

Há milhões de anos, viveram na Terra animais fascinantes chamados "dinossauros" (palavra que significa "lagartos terríveis"). Eles dominaram o mundo durante muitíssimo tempo. Alguns deles eram pacíficos, enquanto outros eram briguentos. Havia os gigantescos e os pequeninos, os velozes e os lentos, os nômades e os que não migravam, os multicoloridos e os de uma só cor, os mais inteligentes e os mais inocentes...

Neste livro você descobrirá quando eles surgiram e por que se extinguiram, quem são os mais famosos, qual a aparência que tinham, se voavam ou nadavam e outras extraordinárias características desses misteriosos animais. São misteriosos porque o que sabemos sobre eles é pouco diante do que ainda não descobrimos. Por sorte, a cada nova descoberta de um fóssil, aprendemos mais sobre a existência dos dinossauros.

Quem sabe qualquer dia, durante um passeio, você encontre um fóssil? E se não forem os restos de uma galinha, de um gato ou de um murucututu, mas sim de um dinossauro já extinto? Já imaginou?

Boa leitura!

José Morán

SUMÁRIO

O que é um DINOSSAURO?

Os dinossauros são animais pré-históricos que viveram há milhões de anos, bem antes de a Terra ser habitada pelos seres humanos. Conhecemos cerca de mil espécies diferentes desses animais impressionantes.

ERAM RÉPTEIS

Os dinossauros, animais ovíparos vertebrados eram répteis, como as serpentes e os crocodilos. Porém, os dinossauros tinham os braços e as pernas sob o corpo, enquanto as serpentes precisam se arrastar, e os crocodilos de hoje têm os membros nas laterais do tronco.

Dentes grandes
O maior dente de dinossauro conhecido mede 30 centímetros.

patas fortes

ERAM DE DAR MEDO?

Alguns eram o terror de toda a fauna. Imensos e fortes, eles se alimentavam de muitos animais, incluindo até mesmo outros dinossauros. Entretanto, existiam também os pacíficos e sossegados, que não atacavam ninguém, pois se alimentavam apenas de plantas.

OS TERÓPODES/ CARNÍVOROS

Grande parte dos dinossauros era carnívora. Os dinos que se alimentavam de outros animais são chamados de terópodes. Eles predavam qualquer bicho que cruzasse seu caminho: formigas, abelhas, tartarugas, lagostas, caranguejos, peixes, roedores, jacarés e mamíferos.

OS SAURÓPODES / HERBÍVOROS

Os dinossauros vegetarianos são chamados de herbívoros e, pelo que parece, eles eram a maioria. Comiam folhas, ramos e sementes. Alguns eram imensos e tinham o pescoço muito longo, vários até maiores do que o das girafas. Entretanto, nem todos eram presas fáceis para os carnívoros, pois mesmo não sendo venenosos, como se chegou a pensar, tinham armas para defesa, os chifres e as caudas, como veremos mais adiante.

OS ONÍVOROS

A minoria dos dinossauros comia de tudo. O Galimimo era um deles que, como seu nome indica, se parecia bastante com uma galinha, mas era muito maior do que ela.

CARACTERÍSTICAS DOS DINOSSAUROS

Os dinossauros eram muito diferentes uns dos outros. A cada ano são encontrados no mundo cerca de cem restos fósseis que revelam novas informações, muitas vezes surpreendentes, sobre diferentes aspectos de sua aparência e de seu comportamento.

ENXERGAVAM BEM?

Sim, eles enxergavam muito bem. Os olhos dos herbívoros ficavam nas laterais da cabeça, característica que lhes dava uma visão panorâmica. Os olhos dos carnívoros eram frontais e de tamanho maior. Seu olhar penetrante devia causar pânico em suas vítimas.

OUVIAM BEM?

De maneira geral, os dinossauros ouviam muito bem, mesmo sem ter orelhas. Alguns cientistas acreditam que eram capazes de escutar tão bem quanto os golfinhos, mas esta é uma teoria difícil de ser comprovada. O olfato dos dinos também era bastante desenvolvido.

COMO SE COMUNICAVAM?

Graças à sua capacidade de comunicação, não era difícil de serem localizados. Acredita-se que foram capazes de enviar mensagens simples através de grunhidos, assobios, rugidos e batidas de mandíbulas.

OS MAIORES

Os paleontólogos descobriram que os maiores dinossauros mediam cerca de 40 metros de comprimento (o equivalente a três ônibus enfileirados) e 16 metros de altura (mais do que um prédio de seis andares). Podiam atingir o peso de 70 toneladas e tanto o pescoço quanto a cauda superavam os 10 metros.

16 m

1 kg

20 cm

DINOSSAUROS PEQUENINOS

Também existiram dinossauros pequeninos, a ponto de poderem ser o seu bichinho de estimação. O Microraptor, se muito, chegava a 1 metro e pesava 1 quilo. O Parvicursor pesava 150 gramas e era bem veloz. O Epidexipteryx era parecido com um pavão e media menos de 20 centímetros.

QUANDO APARECERAM?

Os cientistas situam a origem dos dinossauros na Era Mesozoica, há nada menos do que 233 milhões de anos. Ao que parece, eles surgiram e evoluíram lentamente após uma mudança climática, depois de um longo período chuvoso, que transformou a Terra em um lugar úmido e de temperaturas amenas.

A ERA MESOZOICA

A Era Mesozoica, também chamada de "Idade dos Répteis" durou cerca de 180 milhões de anos. É muito tempo! Para se ter uma ideia, é o equivalente a seiscentas vezes o tempo em que o ser humano habita a Terra, cerca de 300 mil anos. A Era Mesozoica se divide em três períodos: o Triássico, o Jurássico e o Cretáceo.

ERA MESOZOICA
(cerca de 180 milhões de anos)

251 m. a. — Triássico — 201 m. a. — Jurássico — 145 m. a. — Cretáceo — 65 m. a.

m. a. = milhões de anos

O JURÁSSICO

No Jurássico, os dinossauros tiveram seus melhores momentos. Atingiram seu apogeu e se tornaram a espécie dominante. Povoaram o mundo e nele reinaram. Foi nesse período que viveram os dinossauros mais famosos, principalmente por causa do cinema: Diplodoco, Brontossauro, Alossauro e Estegossauro, entre outros.

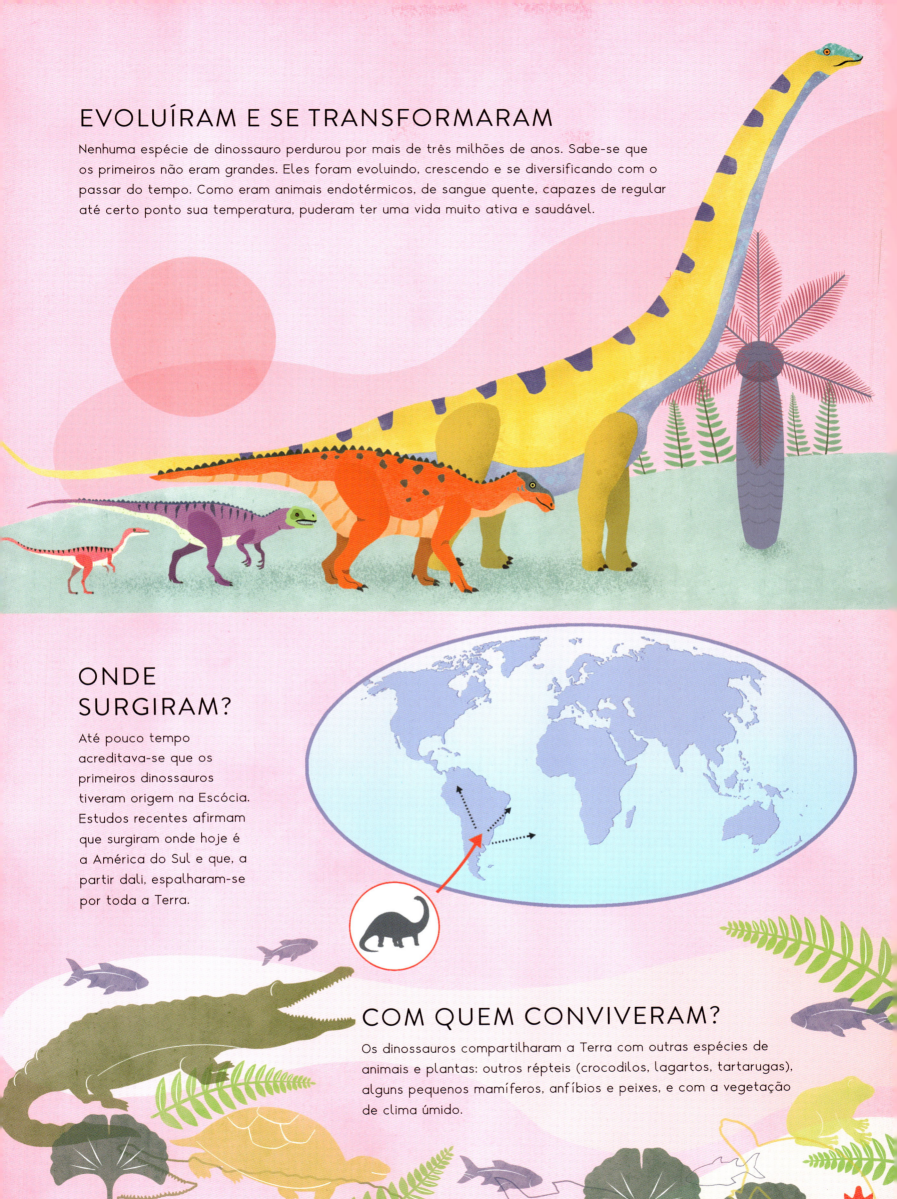

EVOLUÍRAM E SE TRANSFORMARAM

Nenhuma espécie de dinossauro perdurou por mais de três milhões de anos. Sabe-se que os primeiros não eram grandes. Eles foram evoluindo, crescendo e se diversificando com o passar do tempo. Como eram animais endotérmicos, de sangue quente, capazes de regular até certo ponto sua temperatura, puderam ter uma vida muito ativa e saudável.

ONDE SURGIRAM?

Até pouco tempo acreditava-se que os primeiros dinossauros tiveram origem na Escócia. Estudos recentes afirmam que surgiram onde hoje é a América do Sul e que, a partir dali, espalharam-se por toda a Terra.

COM QUEM CONVIVERAM?

Os dinossauros compartilharam a Terra com outras espécies de animais e plantas: outros répteis (crocodilos, lagartos, tartarugas), alguns pequenos mamíferos, anfíbios e peixes, e com a vegetação de clima úmido.

QUANDO E COMO OS DINOSSAUROS FORAM **EXTINTOS**?

Os cientistas concordam sobre quando os dinossauros foram extintos. Quase todos eles estão de acordo que os dinossauros desapareceram há aproximadamente 65 milhões de anos.

TEORIAS SOBRE A EXTINÇÃO

Contudo, não faz muito tempo que os paleontólogos discordaram sobre as possíveis causas do fim dos dinossauros. Várias hipóteses foram propostas, mas novas pesquisas mostraram que não estavam totalmente corretas ou que eram incompletas. Estas são algumas delas:

UMA EPIDEMIA

Pensou-se que um vírus mortal e muito contagioso infectou os dinossauros. Até poderia ser..., mas por que, então, o vírus não acabou também com todos os outros animais?

UMA LONGA ERUPÇÃO VULCÂNICA

Alguns pesquisadores afirmavam que a liberação de gases produzidos por uma intensa atividade vulcânica, durante o período Cretáceo, destruiu a camada de ozônio. Como consequência, os raios ultravioleta, que têm alto poder energético, carbonizaram os dinossauros.

MORTE DOS FILHOTES

Houve quem afirmasse que o desaparecimento aconteceu pelo ataque de pequenos mamíferos aos ninhos dos dinossauros. Eles comeriam os ovos. Essa teoria surgiu porque foram descobertos fósseis que comprovam que mamíferos atacavam dinossauros.

UMA MUDANÇA CLIMÁTICA

Muitos cientistas defenderam a teoria de que houve um brusco e colossal resfriamento da Terra. Eles afirmavam que os dinossauros não estariam preparados para se adaptar à baixa temperatura e que, assim, teriam morrido congelados. Bem pensado, mas... qual foi a causa dessa mudança climática?

O ASTEROIDE IMPLACÁVEL

Depois de muitos estudos, os paleontólogos chegaram a uma conclusão definitiva: a extinção dos dinossauros foi causada pela queda de um colossal asteroide que atingiu a península de Iucatã, no México. O impacto do meteoro provocou uma série de catástrofes fatais para os dinossauros e para muitos outros seres vivos.

UMA CRATERA GIGANTESCA

O choque do asteroide, que aconteceu durante a primavera do hemisfério norte, abriu uma cratera de cerca de 200 quilômetros de diâmetro por 20 quilômetros de profundidade. Acredita-se que o impacto liberou energia dez bilhões de vezes maior do que a bomba atômica lançada em 1945 sobre a cidade japonesa de Hiroshima.

AR IRRESPIRÁVEL

Devido à longa sequência de terremotos, erupções vulcânicas e incêndios, a atmosfera foi invadida por densas nuvens de gases e de poeira. Dois terços dos continentes se incendiaram. A maioria das plantas morreu pela redução drástica da quantidade de oxigênio.

CONGELAMENTO GLOBAL

Além disso, a extensa nuvem tóxica que se formou impediu que os raios de sol chegassem à Terra. Isso causou uma violenta mudança no clima. A superfície dos continentes e oceanos esfriou e causou forte diminuição da temperatura média global.

UM PLANETA DESABITADO

Calcula-se que dois terços das espécies então viventes foram extintas por causa da fome, do frio e da falta de oxigênio. Sobreviveram as mais resistentes e as que habitavam regiões menos afetadas. Entre elas estão as aves, os crocodilos, as tartarugas, as abelhas, os animais que moravam em tocas e uma parte dos animais aquáticos.

UMA NOVA ERA

Por fim, a queda do asteroide há 65 milhões de anos determinou o término da "Idade dos Répteis", a Era Mesozoica, e o começo da Era Cenozoica. A partir daí teve início a expansão da diversidade das espécies de mamíferos.

QUANDO FORAM DESCOBERTOS?

O primeiro fóssil reconhecido como sendo de um dinossauro foi encontrado na Inglaterra em 1824. É o dente de um Megalossauro, o primeiro dino a ganhar um nome. Porém, até o princípio do século XX não existiam buscas planejadas para o descobrimento de fósseis.

O QUE SÃO FÓSSEIS?

São restos petrificados ou vestígios de seres vivos encontrados, em bom ou mau estado de conservação, nas rochas da superfície terrestre. Eles levam milhões de anos para se formar. A ciência que estuda os fósseis chama-se Paleontologia.

TIPOS DE FÓSSEIS

Os fósseis mais encontrados são os ossos. Também existem fósseis de dentes e de marcas de pegadas, que são chamadas de icnofósseis. Em menor quantidade, mas não menos importantes, porque trazem informações relevantes sobre os dinossauros, são as garras, as penas, os cocôs ou coprólitos e as marcas de pele.

QUANTOS FÓSSEIS FORAM ENCONTRADOS?

Até hoje já foram retirados mais de 15 mil restos de dinossauros em todo o mundo. A maioria são da Europa e dos Estados Unidos. Entretanto, os países em que mais fósseis são descobertos atualmente são China e Argentina.

A GUERRA DOS OSSOS

Assim se chamou a grande rivalidade, nem sempre justa, entre paleontólogos norte-americanos pela busca de fósseis no terço final do século XIX. Foram gastos milhões de dólares para financiar expedições com o objetivo de acabar com o prestígio e a competência entre eles, o que resultou na ruína de muitos exploradores.

GRANDES AVANÇOS, MUITOS MISTÉRIOS

A partir de então, o interesse pelos fascinantes animais pré-históricos disparou. Foram realizadas grandes descobertas. Atualmente um novo fóssil é descrito a cada semana. Porém, ainda não descobrimos tudo o que gostaríamos de saber sobre os dinossauros.

FAMÍLIAS DE DINOS

Como os dinossauros formavam famílias? Ainda não é certo, mas parece que tinham um comportamento parecido com os dos mamíferos e das aves: era o macho que deveria conquistar a fêmea.

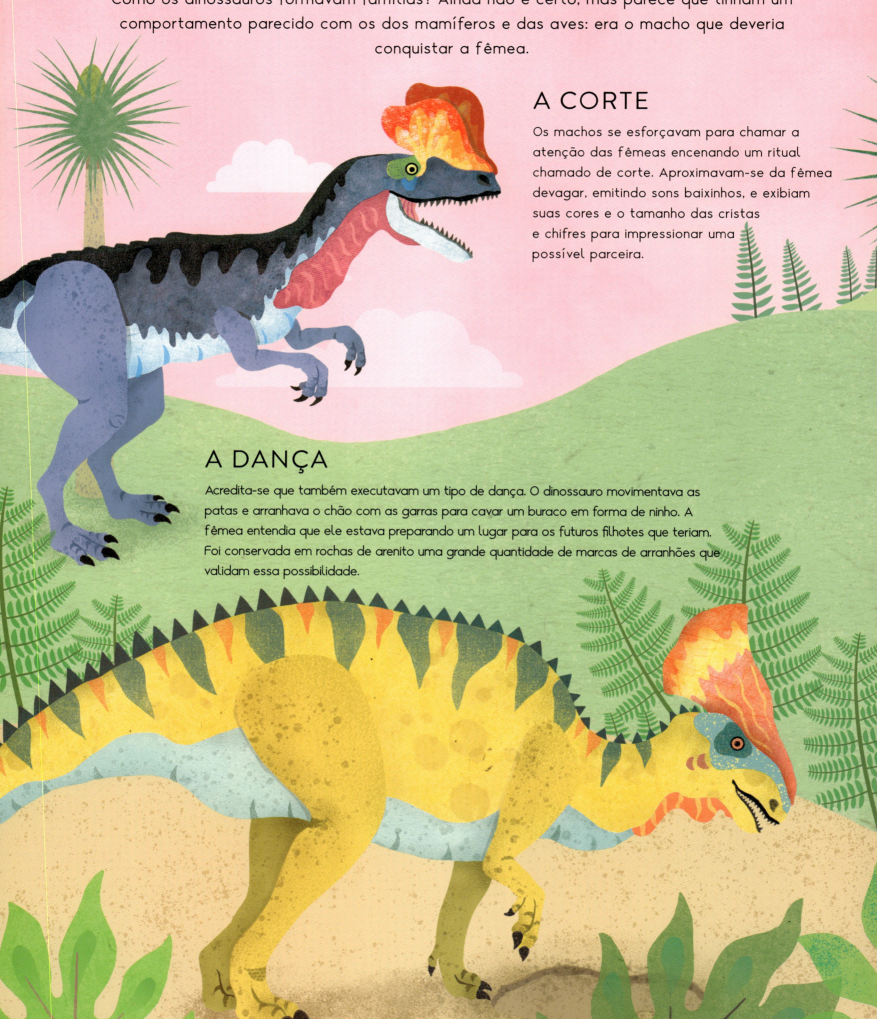

A CORTE

Os machos se esforçavam para chamar a atenção das fêmeas encenando um ritual chamado de corte. Aproximavam-se da fêmea devagar, emitindo sons baixinhos, e exibiam suas cores e o tamanho das cristas e chifres para impressionar uma possível parceira.

A DANÇA

Acredita-se que também executavam um tipo de dança. O dinossauro movimentava as patas e arranhava o chão com as garras para cavar um buraco em forma de ninho. A fêmea entendia que ele estava preparando um lugar para os futuros filhotes que teriam. Foi conservada em rochas de arenito uma grande quantidade de marcas de arranhões que validam essa possibilidade.

DUELOS ATÉ A MORTE

Quando a fêmea não se decidia entre dois pretendentes, eles lutavam ferozmente. Atacavam-se com os chifres e as garras, davam dentadas e golpes com as caudas até que um deles saísse vitorioso.

DESCENDENTES

Uma fêmea de dinossauro botava entre 20 e 40 ovos de cada vez. O maior ovo já encontrado, no Chile, mede 30 centímetros e pesa mais de 6 quilos. Normalmente ficavam depositados em covas escavadas no chão.

CUIDADOS COM OS FILHOTES

Embora os dinossauros construíssem ninhos e cuidassem dos filhotes, acredita-se que a maioria deles não sobrevivia. Eram devorados por pequenos mamíferos predadores, como o Morganucodonte, ou morriam de fome. Havia pais pouco dedicados, como o Argentinossauro, que abandonava os filhotes à própria sorte.

BANDOS DE DINOS

Mesmo existindo dinossauros solitários que viviam por sua conta, cada vez fica mais claro que eles tinham o hábito de se reunirem em rebanhos, manadas ou grupos sociais formados por várias famílias, especialmente os herbívoros que, juntos, se protegiam dos predadores mais perigosos.

A SEGURANÇA

Uma outra razão para formarem grupos era facilitar a atenção e os cuidados com os ovos e os bebês recém-nascidos. Dessa forma, uma só mãe poderia se encarregar de vigiar e cuidar de muitos filhotes, enquanto os demais saíam à procura de alimento.

A CAÇADA

Os cientistas concordam que a maioria dos dinossauros caçava em grupo. Isso possibilitava que apanhassem presas maiores que, sozinhos, nunca conseguiriam. Perseguiam as presas até que ficassem exaustas e as atacavam por várias direções sem lhes dar descanso, até derrotá-las. Como se diz, a união faz a força.

OS NÔMADES

A maior parte dos grupos de dinossauros não migrava. Porém, sabe-se que existiram aqueles com costumes nômades que, de tempo em tempo, se mudavam para outros territórios caso se sentissem ameaçados ou por questões relacionadas ao clima ou à alimentação.

OS SOLITÁRIOS

Os dinossauros solitários costumavam ser predadores vorazes. Como precisavam de bastante alimento, não repartiam o que caçavam. Além disso, graças ao seu tamanho e à sua ferocidade, não precisavam da ajuda de ninguém para derrotar suas presas. Mas nem todos eram assim: o Nodossauro, que era herbívoro, não era muito grande e o Velocirraptor, ao contrário do que mostram os filmes, caçava só.

A **PELE** DOS DINOSSAUROS

Poucos animais ao longo da história se "vestiram" melhor do que os dinossauros. A pele multicolorida era um esplendor de beleza e seus "acessórios" (escamas, garras e penas), além de enfeitá-los, tinham utilidade na vida cotidiana.

Adaptada às necessidades
A pele era seca, resistente e bonita, além de muito útil.

Servia como defesa ao ataque de outros dinossauros.

Protegia contra o frio e o calor.

Funcionava muito bem como camuflagem, permitindo se mimetizarem nas cores do ambiente à sua volta e, assim, não serem percebidos no caso de algum perigo.

DINOSSAUROS ENCOURAÇADOS

A pele de muitas espécies de dinossauros era revestida por escamas rígidas. Parecia que usavam uma poderosa e indestrutível armadura. Além dessa proteção, o Anquilossauro e o Espinossauro tinham espinhos sobre o corpo. Poucos se atreviam a enfrentá-los.

PLACAS E ESPINHOS

Placas e espinhos, afiados como agulhas e com quase meio metro de comprimento, eram armas eficazes de defesa que, muitas vezes, convenciam os inimigos a desistir de atacá-los.
Essas defesas ficavam situadas no pescoço e, na maioria das vezes, sobre as costas.

DINOSSAUROS EMPLUMADOS

Você sabia que alguns dinossauros (especialmente os menores) eram cobertos de penas? Mesmo não sendo animais voadores, suas penas cumpriam duas funções: manter a temperatura corporal e chamar a atenção das fêmeas.

SEMELHANTES

Alguns dos animais atuais, como os crocodilos, os jacarés, os pangolins e os tatus, têm bonitas e eficientes placas rígidas ou escamas que lembram as dos dinossauros.

CORES DOS DINOS

Até pouco tempo atrás acreditava-se que os dinossauros seriam monocromáticos, que teriam apenas uma cor. Pensava-se que possuíam uma variedade reduzida de cores tristes, como o cinza, o verde-escuro e o marrom.

CORES VIVAS E VARIADAS

Porém, estudos recentes de universidades do Reino Unido confirmam que, em muitos dinossauros, as cores eram mais variadas e comumente de tonalidades alegres e claras, como vermelho, branco, laranja, rosa e amarelo.

CORES

Os pigmentos nos restos fósseis se deterioram com o tempo. Entretanto, as verdadeiras cores dos dinossauros são determinadas pela forma e arranjo de estrututuras microscópicas que ficam fossilizadas, os melanossomos. Tais estruturas são encontradas em diferentes tipos de rocha.

OS MELANOSSOMOS

Essa descoberta foi possível graças ao uso de novos equipamentos no estudo dos fósseis pelos paleontólogos. Os espectrômetros de massa e os microscópios eletrônicos de varredura identificam a forma e o arranjo dos melanossomos fossilizados. Os melhores resultados são conseguidos em fósseis de dinossauros com penas. De outros, como o Tiranossauro rex, as cores ainda não foram determinadas.

DINOSSAUROS NA ÚLTIMA MODA

É possível que existissem dinossauros de todas as cores: de pele lisa, manchada ou listrada, e até brilhantes como lantejoulas, e muito mais. É bem provável que exibissem padrões semelhantes aos dos animais de hoje, como cobras, cervos, tigres, zebras, pavões ou sapos.

CORES HARMONIOSAS

Os desenhos combinavam com as cores da natureza que os rodeava e na qual viveram e ganhavam realce pelo reflexo dos raios solares.

SEU JEITO DE ANDAR

A maneira de caminhar dos dinossauros evoluiu ao longo dos quase 170 milhões de anos em que viveram na Terra. Existiam os bípedes (que andavam sobre duas patas), os quadrúpedes (sobre quatro patas) e alguns poucos conseguiam andar dos dois jeitos.

BÍPEDES

Os ancestrais dos dinossauros foram os primeiros animais a andar sobre duas patas. Desses ancestrais, evoluiu uma linhagem de dinossauros bípedes e outra que se tornou quadrúpede. Para se equilibrarem, tinham a ajuda da cauda, que servia como contrapeso. Era assim com o Tiranossauro rex e com o Velocirraptor, entre muitos outros.

QUADRÚPEDES

Esses dinossauros andavam com mais estabilidade. É o caso dos gigantescos herbívoros, como o Diplodoco, o Estegossauro e o Tricerátopo. As patas eram largas e fortes, parecidas com as dos elefantes e lhes davam ótima sustentação.

CORREDORES DE LONGAS DISTÂNCIAS

A maioria dos dinossauros não era veloz. Poucos deles ultrapassavam os 25 quilômetros por hora. Mais do que correr, eles andavam rápido ou trotavam. A velocidade máxima estimada para um dinossauro é 64 quilômetros por hora, bem maior que a do ser humano, que é de cerca de 43 quilômetros por hora. Muitos dinossauros, pela força de suas pernas poderosas, estavam preparados para percorrer longas distâncias.

OS MAIS LENTOS

Os enormes e pesados saurópodes, de corpo, pescoço, patas e cauda gigantescos e que eram quadrúpedes, não ultrapassavam a velocidade de 10 quilômetros por hora. Mas, também, para que ter pressa?

O MAIS RÁPIDO

A velocidade pode ser calculada analisando-se a distância entre as pegadas e a altura de suas pernas. Feitas as contas, é possível afirmar que os campeões são o Galimimo (56 quilômetros por hora), que se parecia com uma galinha, e o Compsognato (64 quilômetros por hora), que era do tamanho de um cachorro.

ARMAS DOS DINOS

Os herbívoros precisavam se defender dos carnívoros para sobreviver. A princípio parece ser uma luta desigual. Os temíveis e grandes carnívoros de dentes afiados e garras pontiagudas tinham vantagens para vencer? Ou não...?

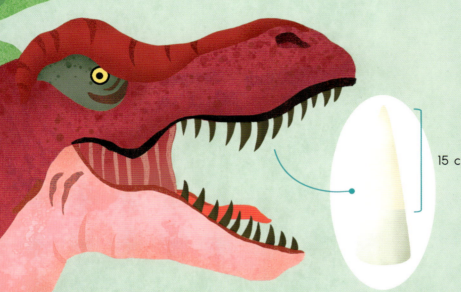

DENTES

Um dinossauro carnívoro tinha entre 50 e 70 dentes, alguns chegando a medir 15 centímetros. Eram uma arma muito poderosa. Os herbívoros tinham dentes retos, úteis para mastigar a vegetação da qual se alimentavam e não serviam como armas de luta.

15 cm

GARRAS

As garras dos carnívoros também foram mortais. Grandes, rígidas e pontiagudas, eram uma ameaça assustadora para suas presas. As garras de alguns poucos herbívoros, como os terizinossaurídeos, alcançavam quase um metro.

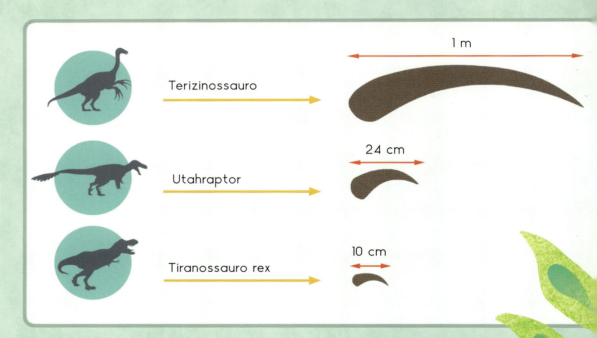

Terizinossauro — 1 m

Utahraptor — 24 cm

Tiranossauro rex — 10 cm

Estiracossauro

Centrossauro

Tricerátopo

CHIFRES

Nesse item as forças se equilibravam. Existiram espécies, tanto carnívoras quanto herbívoras, que ostentavam chifres na cabeça. Esses chifres os tornavam praticamente invencíveis.

A CAUDA

A melhor arma dos herbívoros (Anquilossauro, Estegossauro e Diplodoco), junto ao revestimento de escamas e espinhos que protegia seu corpo, era a cauda. Eles a utilizavam como uma marreta, um chicote ou para cravar seus espinhos. Era devastadora, capaz de quebrar os ossos das grandes feras ou de golpeá-las até a morte.

CABEÇADAS

Outra forma surpreendente de enfrentar adversários era desferir cabeçadas. O crânio de alguns era bem largo e duro como pedra.

UMA BOA ESTRATÉGIA

É possível que carnívoros encurralassem suas presas em lugares úmidos, enlameados e pantanosos, a fim de prendê-las em uma armadilha mortal. Por causa do seu peso, os herbívoros afundavam na lama, onde seriam mais facilmente capturados.

DINOSSAUROS RECORDISTAS

Os recordes a seguir não são palpites, mas informações científicas. Descobertas futuras poderão quebrar esses recordes por outros ainda mais espetaculares.

O MAIOR

Até este momento o Patagotitã é considerado o maior de todos os dinossauros. Esse saurópode, descoberto na Argentina, media 38 metros de comprimento e 12 metros de altura.

38 m

O QUE VIVEU MAIS

Não há certeza sobre qual dinossauro teve a vida mais longa. A maioria dos dinos vivia entre 20 e 50 anos. Porém, acredita-se que o Brontossauro, um saurópode imenso, poderia chegar até os 70 anos de idade.

O MENOR

Mesmo havendo dúvidas, alguns cientistas indicam que o menor é o Epidexipterix, um carnívoro que media apenas 25 centímetros de comprimento. Outros acham que foi o Oculudentavis, mas ainda não está claro se ele foi realmente um dinossauro.

25 cm

O DINOSSAURO MAIS ANTIGO

Faz 233 milhões de anos que o Estauricossauro habitou a Terra. Ele tinha o tamanho de um cachorro. Até agora é o mais antigo já descoberto.

O MAIS PESADO

O mais pesado foi o Argentinossauro, com uma massa que chegava ao redor de 100 toneladas. Seu peso era aproximadamente dez vezes maior do que o de um elefante africano.

100 t

10 t

O QUE TEM MAIS DENTES

Acredita-se que o Edmontossauro, que era herbívoro, teria mais de 1.000 dentes.

O DE GARRAS MAIS COMPRIDAS

As garras em forma de foice do Terizinossauro tinham quase um metro de comprimento.

1 m

9 cm

MENOS INTELIGENTES

Acredita-se que os saurópodes, que tinham cabeça e crânio minúsculos em comparação ao tamanho do corpo, seriam os menos inteligentes.

MAIS INTELIGENTES

O Troodonte e o Zanabazar, carnívoros de pequeno porte, tinham o cérebro muito grande em relação ao corpo e, por isso, são considerados os mais inteligentes.

DINOS FAMOSOS:
O DIPLODOCO

O Diplodoco, o mais popular dos dinossauros, foi um animal herbívoro de tamanho imenso que viveu no oeste da América do Norte há cerca de 150 milhões de anos, durante o Período Jurássico.

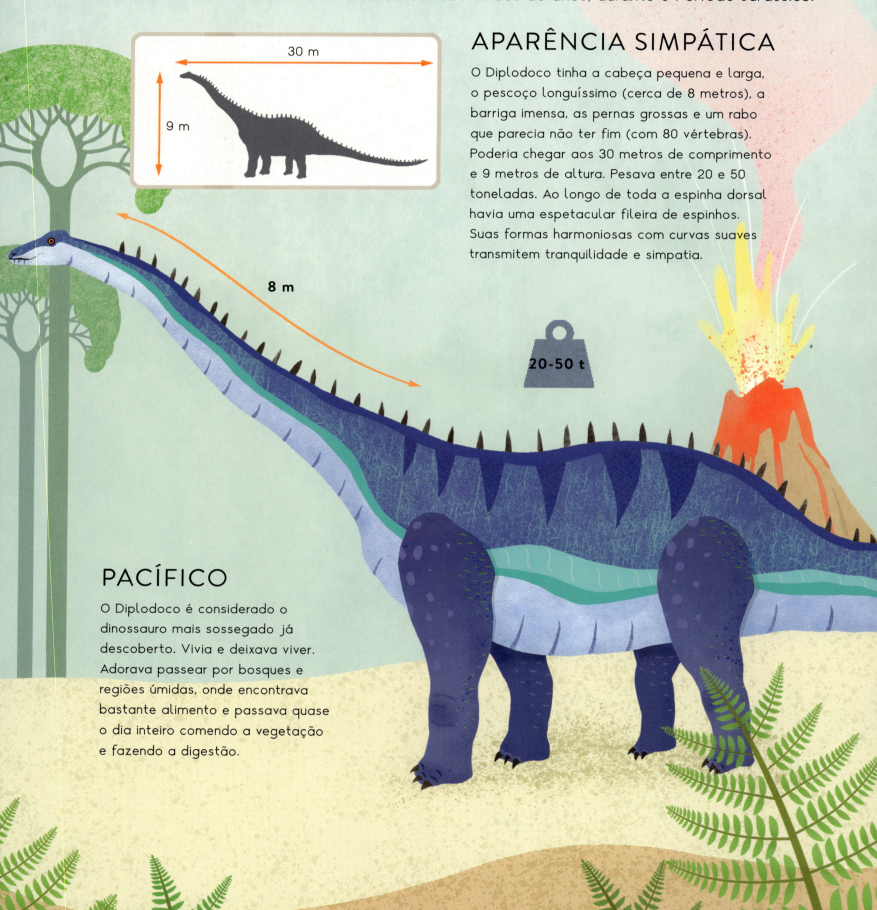

30 m

9 m

APARÊNCIA SIMPÁTICA

O Diplodoco tinha a cabeça pequena e larga, o pescoço longuíssimo (cerca de 8 metros), a barriga imensa, as pernas grossas e um rabo que parecia não ter fim (com 80 vértebras). Poderia chegar aos 30 metros de comprimento e 9 metros de altura. Pesava entre 20 e 50 toneladas. Ao longo de toda a espinha dorsal havia uma espetacular fileira de espinhos. Suas formas harmoniosas com curvas suaves transmitem tranquilidade e simpatia.

8 m

20-50 t

PACÍFICO

O Diplodoco é considerado o dinossauro mais sossegado já descoberto. Vivia e deixava viver. Adorava passear por bosques e regiões úmidas, onde encontrava bastante alimento e passava quase o dia inteiro comendo a vegetação e fazendo a digestão.

DEVORADOR

Ele engolia a comida sem mastigá-la e trocava de dentição a cada quarenta dias, aproximadamente. Comia dezenas de quilos todos os dias, dando preferência para folhas mais tenras, arbustos e samambaias.

Ovo de terópode.

GRANDES FAMÍLIAS

De cada ninhada nasciam numerosas crias (com meio metro cada ao sair do ovo). Elas cresciam bem rápido e se reproduziam já a partir dos 10 anos de idade. Foi por isso que essa espécie permaneceu viva durante muitos milhões de anos.

INVENCÍVEL

Quando atacado por carnívoros ferozes, se defendia de maneira brutal com a cauda de 15 metros de comprimento. Conseguia movimentá-la rapidamente como um chicote! O barulho estridente rompia os tímpanos do inimigo. O impacto da cauda quebrava os ossos do adversário muito antes de ele conseguir perceber.

Ovo de saurópode.

O TIRANOSSAURO REX

O lendário Tiranossauro rex, famoso em dezenas de histórias e filmes, foi um dos predadores mais terríveis de seu tempo. Viveu durante o período Cretáceo Superior. Foi descoberto no centro-oeste dos Estados Unidos no final do século XIX.

ASSUSTADOR

O Tiranossauro rex, era um bípede grande e muito forte. Podia alcançar 12 metros de comprimento, 4 metros de altura e pesar cerca de 10 toneladas. Os tamanhos da cabeça e da boca impressionavam, mas é possível que a intensidade do seu olhar desse a impressão de estar sempre raivoso e faminto.

MEMBROS E GARRAS

O Tiranossauro rex, tinha duas poderosas pernas traseiras que suportavam seu peso e dois braços dianteiros com garras muito finas que usava para imobilizar a presa enquanto a devorava e também para se apoiar quando caía.

10 t

12 m

CAÇADOR INFALÍVEL

O que mais o caracterizava era sua ferocidade. Era um caçador aterrador. Numa mordida era capaz de arrancar 200 quilos de carne de sua presa. Tinha grandes mandíbulas e 60 dentes, os maiores com cerca de 30 centímetros. E mais: se movia com agilidade e tinha o olfato excelente. Acredita-se que seria um animal carniceiro e talvez até canibal.

VELOCIDADE

O Tiranossauro rex não corria, ele apenas trotava. Não era muito veloz. Sua velocidade máxima era de 25 quilômetros por hora, mas não conseguia mantê-la por muito tempo, pois o peso do seu corpo sobrecarregava os ossos e os músculos de suas pernas.

BOM PAI

A maioria dos tiranossauros vivia em grupo. Apesar de sua fama de animal agressivo e cruel, acredita-se que era um pai atencioso e que dedicava um bom tempo cuidando dos filhotes.

O VELOCIRRAPTOR

Apesar de seu pequeno porte, o Velocirraptor, cujo nome significa "ladrão veloz", surpreende por sua coragem e agressividade. Viveu há 75 milhões de anos. Seus primeiros fósseis foram encontrados no deserto de Gobi, na Mongólia, em 1923.

PEQUENO, MAS VALENTÃO

O Velocirraptor não era muito maior do que um cachorro. Tinha menos de 2 metros de comprimento e meio metro de altura. Pesava cerca de 20 quilos. Seu tamanho foi superestimado nas histórias e filmes de aventura para destacar sua ferocidade. É certo que era muito perigoso, sobretudo quando atacava em bando, ainda que isso não esteja totalmente comprovado.

0,5 m

20 kg

DENTES E GARRAS ASSUSTADORES

Os dentes curvos e pontiagudos ficavam enfileirados como os dentes de um serrote. Em cada pata havia três formidáveis garras muito cortantes em forma de gancho, com as quais prendia e rasgava a carne de suas presas.

RÁPIDO E SILENCIOSO

Além disso, esse dinossauro carnívoro e bípede era bem veloz. Podia ultrapassar a velocidade de 40 quilômetros por hora com suas pernas longas e ágeis. Tinha a capacidade de emboscar de surpresa suas vítimas, pois se movia rápida e silenciosamente.

MUITO INTELIGENTE

É considerado um dos dinossauros mais inteligentes que já existiram porque o tamanho da cabeça era grande em relação ao corpo. Era mestre na estratégia de atacar de surpresa.

TINHA PENAS?

Os cientistas estão cada vez mais convencidos de que o Velocirraptor, como alguns de seus ancestrais, tinha o corpo coberto de penas. De fato, se observarmos com atenção, sua fisionomia não é muito diferente da de algumas aves atuais (mesmo que ele não voasse).

O TRICERÁTOPO

O Tricerátopo (cujo nome significa "cabeça com três chifres") foi um dinossauro quadrúpede e herbívoro originário da América do Norte. Conviveu com o Tiranossauro rex durante cerca de 2 milhões de anos. É das espécies mais fáceis de serem identificadas devido à sua aparência única.

FISIONOMIA ORIGINAL

Esse dinossauro media 10 metros de comprimento e 3 metros de altura, podia atingir o peso de 12 toneladas e tinha uma cabeça colossal (de quase 2 metros) com três espetaculares chifres e uma franja, ou gola, óssea protegida por espinhos. Também tinha as pernas e a cauda muito grossas e fortes.

12 t

10 m

1 m

TRÊS CHIFRES

Seus dois chifres laterais, situados acima dos olhos, mediam nada menos do que 1 metro. O chifre central, menor, se localizava sobre o focinho e apontava para cima. Esse conjunto de chifres era uma poderosa arma de defesa diante dos predadores carnívoros, que pensavam duas vezes antes de atacá-lo.

ENCOURAÇADO E TERRITORIAL

A rigidez de sua pele coberta de escamas dava a impressão de que era blindado. Essa característica e o seu temperamento agressivo (vivia em manadas e defendia seu território até a morte), fazem dele um dos dinossauros mais interessantes que se conhece.

FORÇA DESCOMUNAL

Alimentava-se de arbustos e de outras plantas próximas ao chão porque conseguia levantar somente a cabeça, que pesava mais de uma tonelada. Também comia galhos e folhas das árvores que derrubava com cabeçadas, em investidas que deviam ser impressionantes.

TINHA QUANTOS DENTES?

Acredite se quiser, mas o Tricerápoto chegava a ter... 800 dentes distribuídos em 40 fileiras dentro de suas mandíbulas. Apesar disso, comia bem devagar, mastigando os alimentos durante várias horas.

O ANQUILOSSAURO

Outro dinossauro herbívoro quadrúpede, surpreendente e temível, foi o Anquilossauro, cujo nome significa "lagarto encouraçado". Estava magistralmente equipado para a defesa e o contra-ataque. Foi encontrado no norte da Ásia e na América do Norte no começo do século XX.

ERA MUITO GRANDE?

Não era grande demais. Podia atingir 7 metros de comprimento e cerca de 2 metros de altura, pois suas pernas eram bem curtas. Pesava em torno de 6 toneladas. Sua aparência lembra um tatu, só que gigante. Curiosamente tinha dentes pequenos, mas muito eficientes para cortar e arrancar a vegetação.

7 m

ARMADURA PROTETORA

Como o Tricerátopo, também era encouraçado, o que o tornou conhecido como "o dinossauro tanque". De fato, sua principal arma de defesa era a armadura que cobria a pele, composta de placas ósseas super-resistentes chamadas de osteodermos. Além disso, tinha ainda espinhos e anéis cervicais que protegiam o pescoço. A parte mais vulnerável do seu corpo era a barriga.

CAUDA E CLAVA

Tinha uma incrível arma de ataque: a clava no final da cauda. Formada por vértebras rígidas unidas, media meio metro e não pesava menos de 30 quilos. Quando era atacado, balançava a cauda e golpeava o inimigo com toda a força, quebrando seus ossos com facilidade.

CABEÇA DURA

O Anquilossauro foi equipado com um crânio poderoso, formado por ossos unidos entre si e que usava para atacar sem nenhum risco de quebrar a cabeça. Acredita-se que era capaz de derrubar árvores dando cabeçadas.

ATÉ O FIM

Essa fera solitária foi um dos últimos dinossauros que viveu na Terra. Está extinto há 65 milhões de anos, quando o grande asteroide provocou uma inesperada e radical mudança climática no mundo.

O GALIMIMO

O Galimimo, cujo nome significa "parecido com uma galinha", é um dinossauro descoberto há pouco tempo, cerca de 50 anos. Seus primeiros restos fósseis foram encontrados na Mongólia. Acredita-se que viveu no final do Cretáceo, em torno de 70 milhões de anos atrás.

NEM GRANDE, NEM PEQUENO

O Galimimo media entre 4 e 6 metros de comprimento e tinha 2 metros de altura. De aparência mais elegante, pesava até meia tonelada. Era ágil e muito veloz. Os predadores nem sonhavam em agarrá-lo.

4-6 m

RAPIDÍSSIMO

O Galimimo é considerado, juntamente com o pequeno Compsognato, o dinossauro mais veloz já encontrado. Acelerava até 56 quilômetros por hora. Quando corria se apoiava sobre suas compridas e finas pernas traseiras.

O "DINOSSAURO-AVESTRUZ"

É chamado assim por alguns por causa da sua fisionomia e do pescoço fino, que o faziam se parecer com o avestruz. Tinha o corpo coberto de penas.

VISÃO PANORÂMICA

Outra característica do Galimimo, rara entre os dinossauros, era a visão. Seus olhos grandes não ficavam na frente, mas sim nas laterais da cabeça. Por isso tinha visão panorâmica, que lhe permitia fugir dos inimigos a tempo e enxergar suas presas antes que elas pudessem vê-lo.

COMIA DE TUDO

Era um dinossauro onívoro. Não tinha problema em se alimentar de insetos e outros pequenos animais, além de arbustos e outras plantas. Porém, o seu prato favorito, segundo os cientistas, eram os ovos de outros dinossauros, que desenterrava e abria com grande habilidade usando seu bico poderoso e suas garras afiadas.

O ESTEGOSSAURO

O Estegossauro, um herbívoro quadrúpede grandão, cujo nome quer dizer "lagarto com telhado", viveu no final do Jurássico, há cerca de 150 milhões de anos. Foi descoberto no Colorado (Estados Unidos), em 1877. Ele habitava as planícies e se alimentava à beira de rios.

APARÊNCIA IMPONENTE

O Estegossauro chama atenção pelo porte imponente e único que lhe dá a "cordilheira de placas" sobre o seu dorso. Era grande e muito forte. Media 10 metros de comprimento e 4 metros de altura. Não se sabe exatamente qual foi o seu peso, mas estaria entre 5 e 7 toneladas.

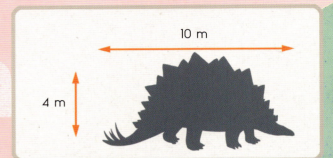

PLACAS GIGANTESCAS

Sua característica mais marcante é a presença de espetaculares placas coloridas cobrindo toda a coluna vertebral. São pontudas e chegam a 1 metro de altura. Alguns estudiosos especulam que essas placas poderiam ser móveis, mas isso não está comprovado.

PARA QUE SERVIAM AS PLACAS?

Ao que parece, as placas serviam para regular a temperatura corporal. Elas recebiam um intenso fluxo sanguíneo, deixando-o pronto para liberar ou absorver o calor necessário. É fato que o Estegossauro exibia as placas diante das fêmeas para encontrar uma parceira.

CAUDA PONTUDA

Outra qualidade especial do Estegossauro é a cauda muito flexível terminada com espinhos. Essa poderosa arma de defesa afastava os predadores carnívoros, talvez com exceção do Alossauro, seu inimigo mortal.

DOIS CÉREBROS?

Os cientistas desconfiaram, pouco tempo atrás, que o Estegossauro teria dois cérebros. Um deles muito pequeno na cabeça e o outro no quadril, para controlar a cauda e as pernas traseiras. Porém, esse segundo cérebro jamais existiu.

O CARNOTAURO

Descoberto no ano de 1984 na Patagônia Argentina, o Carnotauro (ou "touro carnívoro") foi um terópode bípede implacável e feroz. Viveu e reinou na América do Sul até 70 milhões de anos atrás.

PRIMO DISTANTE

Lembrava o Tiranossauro rex, o mais selvagem dos dinossauros, mas eles não viveram na mesma época e nem na mesma região. Apesar de serem parecidos, eram primos distantes. O Carnotauro não foi tão grande e forte, mas espalhava pânico por onde passava.

7 m

3 m

1,5 t

COMO ERA?

Foi um bípede de cabeça pequena (apenas 60 centímetros) e mãos minúsculas de quatro dedos. Tinha espinhos afiados sobre a coluna e o corpo salpicado de bolotas ósseas (também chamadas de osteodermos). Tinha visão extraordinária e excelente olfato. Media cerca de 7 metros de comprimento e 3 metros de altura e pesava uma tonelada e meia.

CHIFRES PEQUENOS

A característica mais marcante do Carnotauro, e que deu origem ao seu nome, é o par de chifres quase horizontais que enfeitam sua cabeça exatamente acima dos olhos. Acredita-se que foi o primeiro e único carnívoro que desenvolveu esse tipo de chifre. Ainda não se sabe bem qual seria sua utilidade, pois parece que não serviriam para espetar presas e nem seriam fortes o bastante para atacar inimigos.

45°

BOCA IMENSA

A boca era o seu ponto forte. Arreganhava as mandíbulas numa abertura de 45 graus e, assim, conseguia agarrar e despedaçar, com os dentes afiados e compridos, o grosso pescoço de gigantes saurópodes ou as pernas de outras presas.

PRATO FAVORITO

O Carnotauro foi carnívoro e filhotes de dinossauros herbívoros estavam entre seus pratos favoritos. Capturava-os com facilidade, pois era bastante rápido, e os devorava sem dó.

O ARQUEÓPTERIX

O Arqueópterix (nome que significa "pluma ou asa antiga") foi um animal fascinante e esquisitão, um dinossauro voador. Viveu no Período Jurássico há 150 milhões de anos. Até o momento foram descobertos doze fósseis no sul da Alemanha, todos muito bem conservados.

1 kg

50 cm

QUAIS ERAM SUAS CORES?

Durante muitas décadas, os artistas o representaram com penas sempre muito coloridas e chamativas. Hoje, pela análise científica dos melanossomos preservados em suas penas, sabemos que tinha o corpo quase inteiramente coberto por penas pretas, com algumas partes brancas ou acinzentadas.

UM BICHO RARO

Tinha uma aparência muito particular. Seu corpo combinava características tanto de dinossauros não voadores (dentes afiados, garras cortantes, cauda óssea comprida e olhos grandes), quanto de dinossauros voadores, as aves (bico e penas largas, inclusive na cauda). Tinha o tamanho de um corvo e é certo que se parecia com ele. Media 50 centímetros e não chegava a pesar 1 quilo.

DO QUE SE ALIMENTAVA?

O Arqueópterix é considerado um animal carnívoro, muito embora ainda existam dúvidas se teria sido onívoro. Sua alimentação era composta de pequenos répteis, mamíferos e insetos, que caçava usando as mandíbulas e as asas como uma rede.

PODIA VOAR?

Acredita-se que conseguia decolar e planar, nada mais. Não teria a mesma destreza das aves atuais para voar. Durante muitos anos foi considerada como a primeira ave a existir, mas com o tempo outras mais antigas foram descobertas.

POR QUE É TÃO IMPORTANTE?

O Arqueópterix é um animal de grande importância para a ciência porque sua existência é prova inegável de que as aves evoluíram dos dinossauros. Ele é o elo que os une.

DINOSSAUROS VOADORES?

O Arqueópterix e outros dinossauros tinham características (como penas) que foram usadas pelas aves do futuro após um período evolutivo de milhões de anos. Hoje podemos afirmar que todas as aves que existem são dinossauros voadores. Os pterossauros não eram dinossauros, mas sim um tipo de réptil que aprendeu a voar.

mão

braço

OS PTEROSSAUROS

É comprovado que no tempo dos dinossauros viveram muitos répteis voadores. São os chamados pterossauros (nome que significa "lagartos alados"), que eram como primos distantes dos dinos. Até agora foram descritas em torno de 170 espécies de pterossauros. O primeiro foi descoberto em 1784.

O QUETZALCOATLO

Esse animal de nome complicado é o maior pterossauro conhecido que já existiu. Ele viveu nas regiões úmidas da América há cerca de 65 milhões de anos. Atingia 13 metros de envergadura, equivalente à altura de uma girafa, e pesava 250 quilos. Decolava na vertical e se alimentava de carne fresca de peixes e de outros animais, e também de carniça.

250 kg

QUAL É A ORIGEM DO SEU NOME?

Seu nome vem da mitologia centro-americana dos povos Tolteca, Maia e Asteca. Uma das principais divindades desses povos chama-se Quetzalcoatl, que significa "serpente emplumada", e é representada por uma figura humana com partes do corpo de ave e de réptil. Quetzacoatl é o deus da luz e da fertilidade.

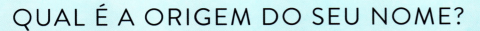

O PTERODÁCTILO

Outro pterossauro muito conhecido é o Pterodáctilo, que viveu na Europa e na África. Foi o primeiro animal que os cientistas identificaram como um réptil voador. Caracteriza-se por ter dentes finos e pontiagudos e pelas membranas das asas serem parecidas com as dos morcegos.

Quetzalcoatlo

13 m

Pterodáctilo

1,5 m

Thalassodromeus

4,5 m

Águia-real

2,3 m

1.000 dentes

pescoço longo

asas compridas

cauda curta

O PTERODAUSTRO

Um dos pterossauros mais espetaculares foi o Pterodaustro, descoberto em 1970, na América do Sul. Tinha um bico muito comprido e nada menos do que 1.000 dentes, que filtravam o plâncton do qual se alimentava.

DINOSSAUROS MARINHOS?

Como acontece com os supostos dinossauros voadores, também não se pode dizer que existiram dinossauros marinhos, ainda que muitas pessoas os chamem assim e acreditem na sua existência. Os que existiram, naturalmente, foram répteis marinhos com algumas características que dinossauros também tinham.

PRINCIPAIS RÉPTEIS MARINHOS

Várias dessas feras pré-históricas aquáticas são muito antigas. Surgiram há mais de 250 milhões de anos. Pertenciam a três famílias principais, com espécies diferentes dentro de cada grupo: ictiossauros, plesiossauros e mosassauros. Todos foram terríveis predadores.

ICTIOSSAUROS

Os ictiossauros ou peixes-lagarto eram parecidos com os golfinhos e tubarões, mas de aparência mais feroz porque tinham focinhos grandes cheios de dentes. Respiravam ar, mas subiam apenas de vez em quando para fora da água, como fazem as baleias.

PLESIOSSAUROS

Seu nome significa "próximo aos répteis" porque foram os animais mais parecidos com os dinossauros. O lendário Monstro do Lago Ness pertenceria a essa categoria, mas a existência desse monstro nunca foi comprovada. Eram enormes. Alguns chegavam aos 15 metros de comprimento e pesavam cerca de meia tonelada.

MOSASSAUROS

Os mosassauros ou "lagartos de Mosa" (rio onde foram descobertos e que desemboca no norte da Europa) são bastante semelhantes aos crocodilos. Mediam cerca de 15 metros de comprimento e tinham mandíbulas imensas. Eles surgiram depois da extinção dos ictiossauros.

E O ESPINOSSAURO?

O Espinossauro, descoberto no norte da África, é possivelmente o maior e mais feroz dinossauro carnívoro que já existiu. Dizem que até mais do que o Tiranossauro rex. Tem-se questionado se, além de terrestre, ele também seria um dinossauro aquático, e o porquê disso. A resposta é que suas pernas traseiras evoluíram para o nado. Tinha narinas altas, como adaptação para respirar na água. Sua vela dorsal poderia servir de leme.

ACREDITE SE QUISER

UM SÓ CONTINENTE

Durante o Triássico, período em que os dinossauros apareceram no mundo, existia apenas um continente, chamado Pangeia. Mais tarde, durante o Jurássico, a crosta terrestre foi se separando até formar os cinco continentes atuais.

O PRIMEIRO FÓSSIL

O primeiro fóssil foi descoberto na China há milhares de anos, mas imaginaram se tratar dos restos de... um dragão! O que parecia lógico porque os dragões são seres da mitologia chinesa.

Fóssil do Megalossauro

DOIS CORAÇÕES?

Alguns cientistas defenderam a ideia de que os dinossauros maiores talvez tivessem dois corações para bombear o sangue com menos esforço pelo corpo. Porém, os saurópodes tinham apenas um coração que pesava cerca de 250 quilos. Impressionante!

BIODIGESTORES

Os saurópodes, dinossauros herbívoros gigantescos, teriam um estômago capaz de digerir mais de 500 quilos de plantas por dia. Bactérias, além dos pedregulhos que engoliam, chamados de gastrólitos, ajudavam a fazer a digestão.

gastrólito

estômago

intestino

A MAIOR PEGADA

Encontrada no Deserto de Gobi (Mongólia), mede mais de 1 metro de comprimento e cerca de 80 centímetros de largura. Pertenceu a um saurópode, talvez a um Titanossauro, espécie que viveu 90 milhões de anos atrás.

1 m

A MENOR PEGADA

Em 2018, um grupo de cientistas encontrou na Coreia do Sul a menor pegada de dinossauro que se conhece. Ela mede apenas 1 centímetro. Não se sabe ao certo a qual espécie de dinossauro pertence.

1 cm

O "DINOSSAURO LADRÃO"

Esse é o apelido do Ovirraptor que, acredita--se, tinha o costume de roubar ovos de outros dinossauros. Foram descobertos vários fósseis do Ovirraptor rodeados de cascas de ovos, mas ainda não encontraram provas de que se alimentava deles.

CLONAGEM DE DINOSSAUROS?

É um sonho impossível de ser realizado. O DNA de todo ser vivo "estraga" antes de completar um milhão de anos e os últimos dinossauros desapareceram há 65 milhões de anos.

MUSEUS DE PALEONTOLOGIA

Além de livros, documentários e filmes, você pode aprender mais visitando museus de Paleontologia, seguindo a Trilha dos Dinossauros.

BRASIL

MHNT – Museu de História Natural de Taubaté Doutor Herculano Alvarenga
R. Juvenal Dias de Carvalho, 111 – Taubaté – SP

Centro de Pesquisa de História Natural e Arqueologia do Maranhão
Rua do Giz, 59 – São Luís – MA

Museu de Ciências Naturais da Pontifícia Universidade Católica de Minas Gerais
R. Dom José Gaspar, 290 – Belo Horizonte – MG

Museu da Geodiversidade
Av. Athos da Silveira, 274 – Rio de Janeiro – RJ

Museu de Geociências da Universidade de São Paulo
R. do Lago, 562 – São Paulo – SP

Centro de Apoio à Pesquisa Paleontológica da Quarta Colônia
Rua Maximiliano Vizzotto, 598 – São João do Polêsine – RS

Existem muitos outros museus para visitar no interior de São Paulo, em cidades como Botucatu, Campinas, Itatiba, Itu e São Carlos.
Fora do estado de São Paulo há museus no Rio de Janeiro, Minas Gerais, Rio Grande do Sul e Paraná.

FORA DO BRASIL

Museu Real Tyrrell
de Paleontologia –
Alberta – CANADÁ
Tem um laboratório para
aprender a escavar fósseis.

Museu Field de História Natural
– Chicago – ESTADOS UNIDOS
Exibe o maior esqueleto
original que existe de um
Tiranossauro rex.

Museu Americano de História
Natural– Nova Iorque –
ESTADOS UNIDOS
Possui seis salas com grandes
fósseis originais.

Museu de História Natural
de Londres – Londres –
INGLATERRA
Grandioso e insuperável. Conta
com um simulador arrepiante
do Tiranossauro rex.

Museu de História Natural de
Berlim – Berlim – ALEMANHA
Conserva, entre milhares de
fósseis, o impressionante
Braquiossauro da Tanzânia,
conhecido por Isoldo.

Museu de Zigong -
Zigong - CHINA
Abriga o que pode ser
a maior coleção de
fósseis do mundo.